Impressum
Verlag: BABADADA GmbH, Nedderfeld 112 , 22529 Hamburg
Geschäftsführer / Verlagsleitung: Harald Hof
Druck: Books on Demand GmbH, In de Tarpen 42, 22848 Norderstedt

Imprint
Publisher: BABADADA GmbH, Nedderfeld 112 , 22529 Hamburg, Germany
Managing Director / Publishing direction: Harald Hof
Print: Books on Demand GmbH, In de Tarpen 42, 22848 Norderstedt, Germany

学校

școală

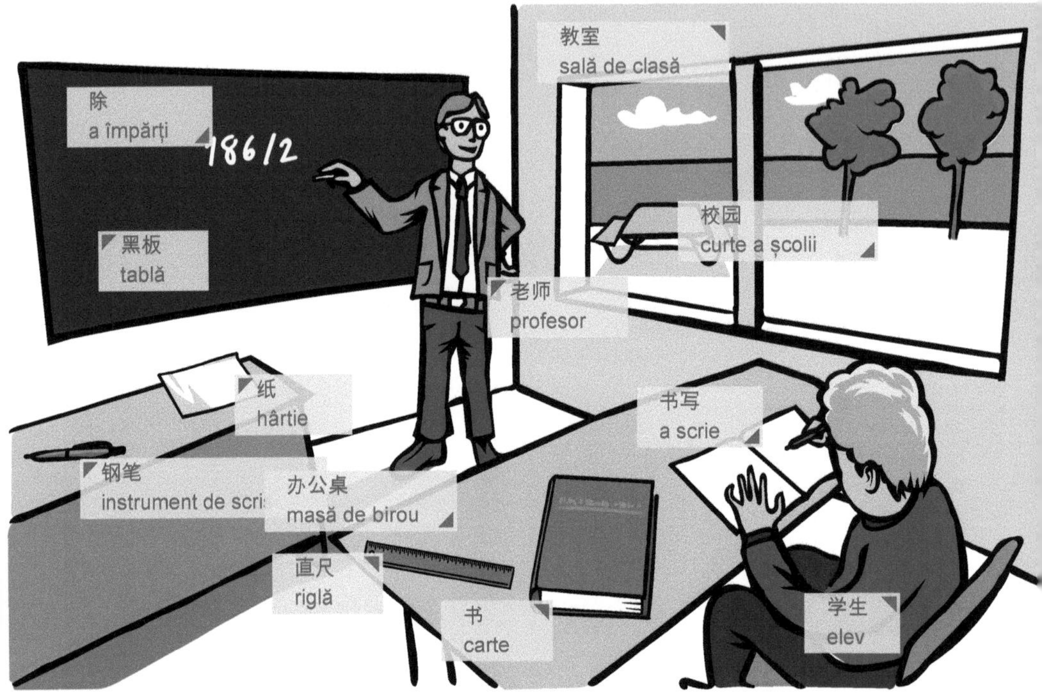

教室
sală de clasă
除
a împărți
186/2
黑板
tablă
校园
curte a școlii
老师
profesor
纸
hârtie
书写
a scrie
钢笔
instrument de scri
办公桌
masă de birou
直尺
riglă
书
carte
学生
elev

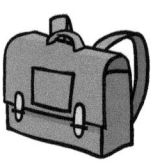

书包

ghiozdan

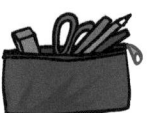

铅笔盒

penar

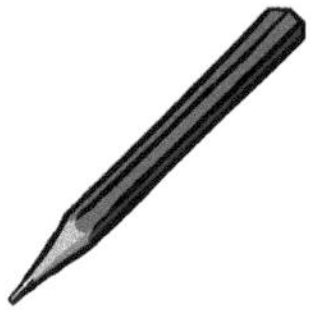

铅笔

creion

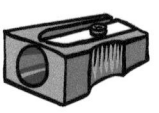

卷笔刀

ascuțitoare

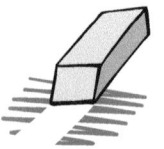

橡皮擦

radieră

画板

bloc de desen

图画
desen

画笔
pensulă

颜料盒
cutie de acuarele

剪刀
foarfece

胶水
lipici

练习册
caiet de exerciții

家庭作业
temă

12

数字
număr

2+2

加
a aduna

5-2

减
a scădea

2×2

乘
a multiplica

计算
a calcula

A

字母
literă

ABCDEFG
HIJKLMN
OPQRSTU
VWXYZ

字母表
alfabet

hello

字
cuvânt

课文

text

读

a citi

粉笔

cretă

上课

oră

登记

catalog

考试

examen

证书

certificat

校服

uniformă școlară

教育

educație

百科全书

enciclopedie

大学

universitate

显微镜

microscop

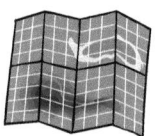

地图

hartă

废纸筐

coș de gunoi

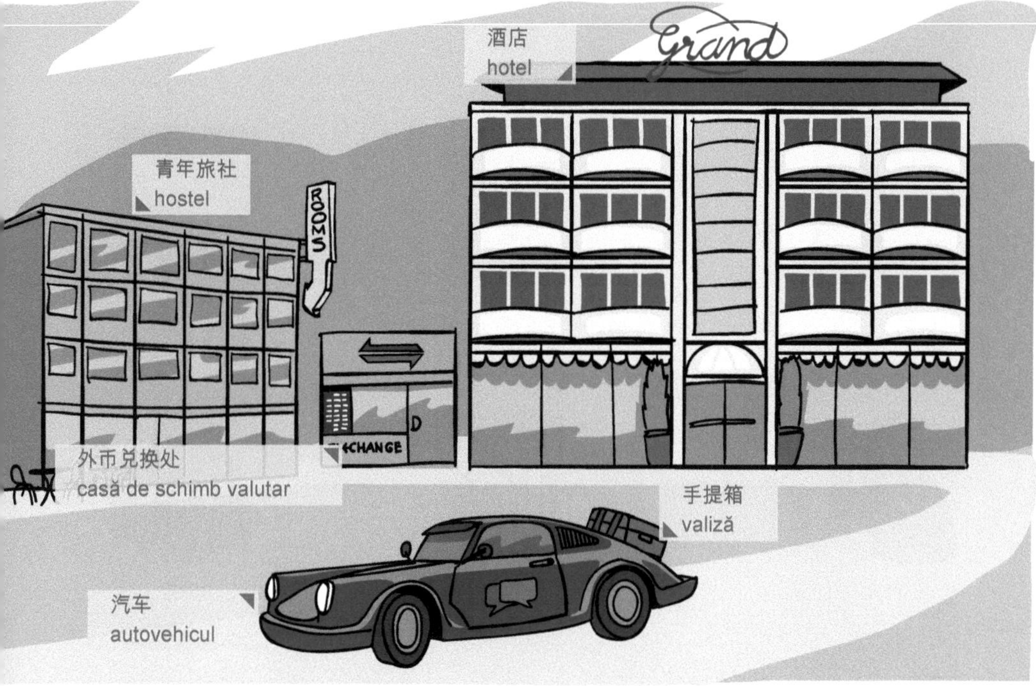
酒店
hotel
Grand
青年旅社
hostel
ROOMS
外币兑换处
casă de schimb valutar
CHANGE
手提箱
valiză
汽车
autovehicul

语言
limbă

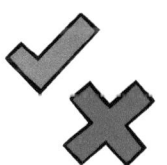

是/否
da/nu

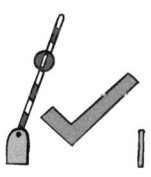

好的
okay

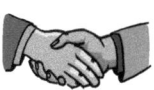

您好
Bună!

翻译员
interpret

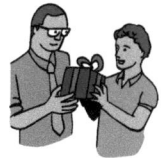

谢谢
mulțumesc

……多少钱？

Cât costă...?

我不明白

Nu înţeleg

问题

problemă

晚上好！

Bună seara!

早上好！

Bună dimineaţa!

晚安！

Noapte bună!

再见

la revedere

方向

direcţie

行李

bagaj

包

geantă

双肩包

rucsac

客人

oaspete

房间

cameră

睡袋

sac de dormit

帐篷

cort

旅游信息

punct de informare turistică

海滩

plajă

信用卡

carte de credit

早餐

mic dejun

午餐

masa de prânz

晚餐

cină

票

bilet de călătorie

电梯

lift

邮票

timbru poștal

边界

graniță

海关

vamă

大使馆

ambasadă

签证

viză

护照

pașaport

交通运输
transport

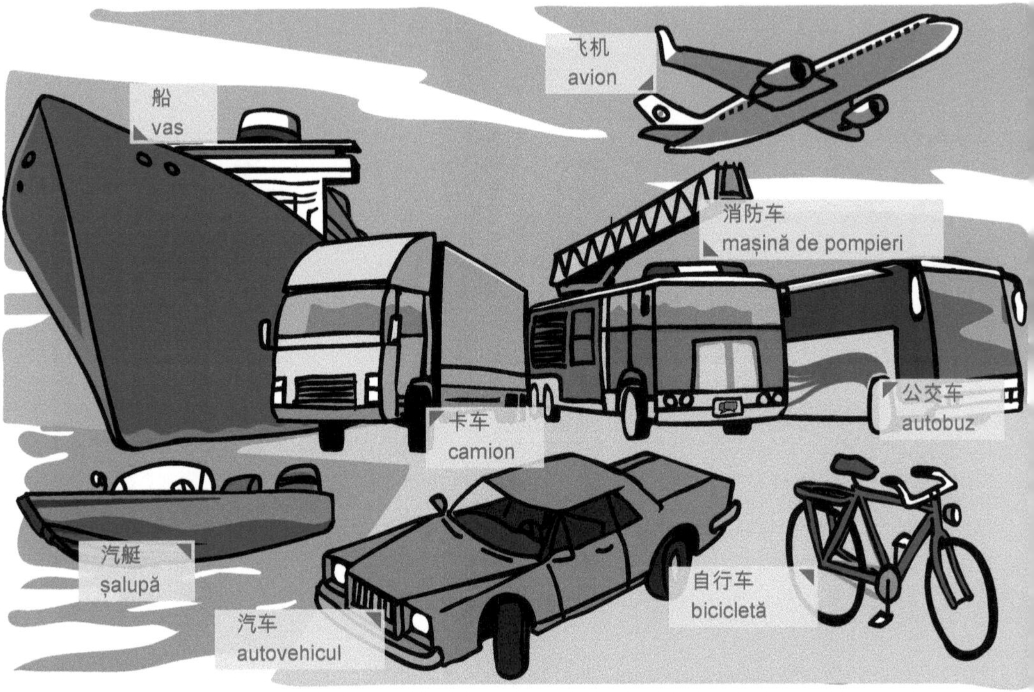

飞机
avion
船
vas
消防车
mașină de pompieri
公交车
autobuz
卡车
camion
汽艇
șalupă
自行车
bicicletă
汽车
autovehicul

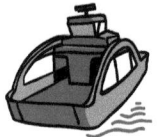

摆渡船

feribot

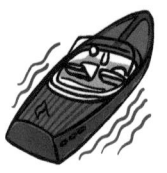

小船

barcă

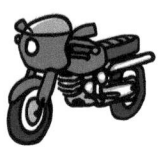

摩托车

motocicletă

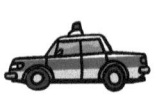

警车

mașină de poliție

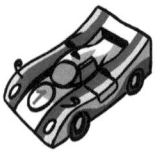

赛车

mașină de curse

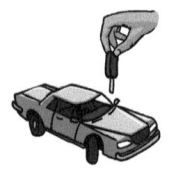

租车

mașină închiriată

拼车
car sharing

拖车
mașină de tractat

垃圾车
mașină de gunoi

发动机
motor

汽油
combustibil

加油站
benzinărie

交通标志
semn de circulație

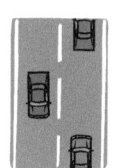

交通
trafic

交通堵塞
ambuteiaj

停车场
parcare

火车站
gară

轨道
șine

火车
tren

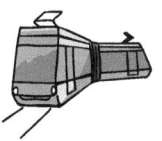

电车
tramvai

货车
vagon

直升机

elicopter

机场

aeroport

塔

turn

乘客

pasager

集装箱

container

纸板箱

carton

手推车

căruță

篮子

coș

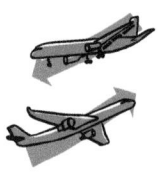

起飞/降落

a decola/a ateriza

城市

oraș

村庄

sat

市中心

centru

房子

casă

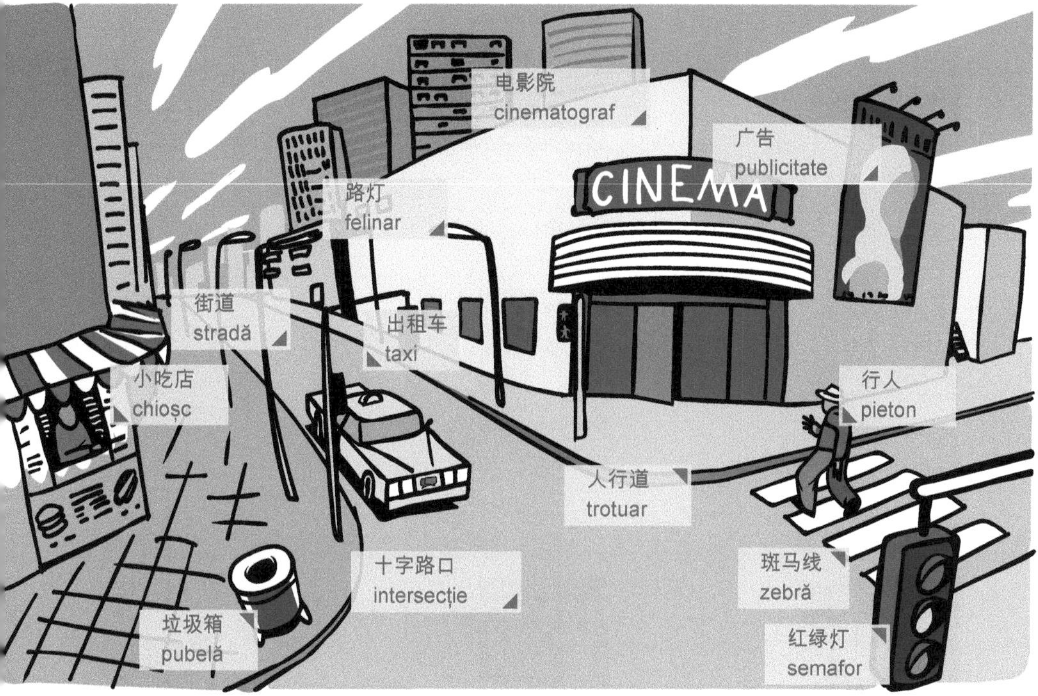
电影院
cinematograf
广告
publicitate
CINEMA
路灯
felinar
街道
stradă
出租车
taxi
小吃店
chioșc
行人
pieton
人行道
trotuar
十字路口
intersecție
斑马线
zebră
垃圾箱
pubelă
红绿灯
semafor
MUSEUM

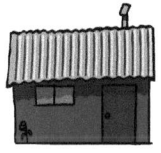

小屋

cabană

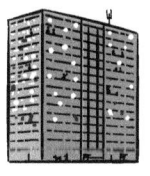

公寓

apartament

火车站

gară

市政厅

primărie

博物馆

muzeu

学校

școală

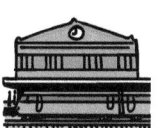

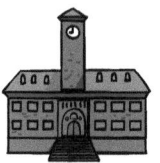

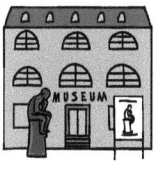

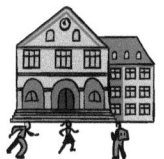

大学

universitate

银行

bancă

医院

spital

酒店

hotel

药房

farmacie

办公室

birou

书店

librărie

商店

magazin

花店

florărie

超市

supermarket

市场

piață

百货商店

magazin universal

鱼店

comerciant de pește

购物中心

centru comercial

海港

port

城市 - oraș

公园

parc

长凳

bancă

桥

pod

楼梯

trepte

地铁

metrou

隧道

tunel

公交车站

stație de autobuz

酒吧

bar

餐馆

restaurant

邮筒

cutie poștală

路标

tăbliță indicatoare cu numele străzii

停车计时器

parcometru

动物园

grădină zoologică

游泳馆

piscină

清真寺

moschee

农场

gospodărie țărănească

污染

poluare

墓地

cimitir

教堂

biserică

操场

loc de joacă

寺庙

templu

地形

peisaj

树叶
frunză

指示牌
indicator

路
drum

草地
pajiște

石头
piatră

树
copac

徒步旅行者
drumeț

河
râu

草
iarbă

花
floare

峡谷
vale

山
deal

湖
lac

森林
pădure

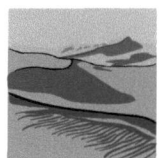

沙漠
deșert

火山
vulcan

城堡
castel

彩虹
curcubeu

蘑菇
ciupercă

棕榈树
palmier

蚊子
țânțar

苍蝇
muscă

蚂蚁
furnică

蜜蜂
albină

蜘蛛
păianjen

甲虫

gândac

青蛙

broască

松鼠

veveriță

刺猬

arici

野兔

iepure

猫头鹰

bufniță

鸟

pasăre

天鹅

lebădă

野猪

porc mistreț

鹿

cerb

麋鹿

elan

水坝

dig

风力发电机

turbină eoliană

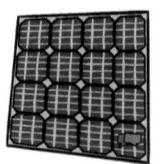

太阳能电池板

panou solar

气候

climă

餐馆

restaurant

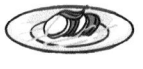

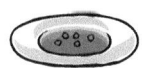

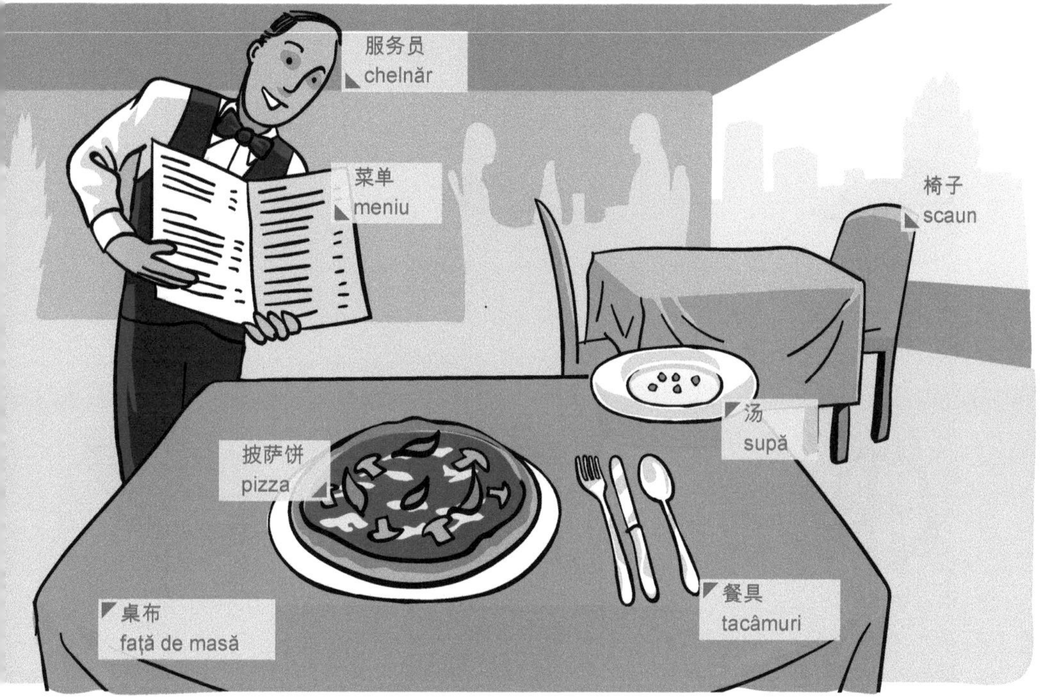

服务员
chelnăr
菜单
meniu
椅子
scaun
汤
supă
披萨饼
pizza
餐具
tacâmuri
桌布
fată de masă

前菜
antreu

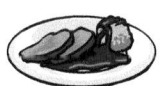

主菜
fel principal

甜点
desert

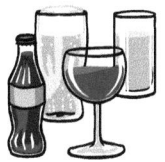

饮料
băuturi

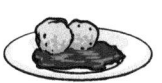

食物
mâncare

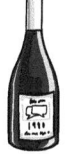

瓶子
sticlă

快餐

fastfood

街边小吃

streetfood

茶壶

ceainic

糖盒

zaharniță

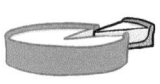

一份饭菜

porție

意式咖啡机

espressor

高脚椅

scaun înalt (pentru copii)

账单

factură

托盘

tavă

刀

cuțit

餐叉

furculiță

勺子

lingură

茶匙

linguriță

餐巾

șervețel

玻璃杯

pahar

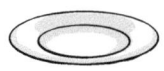

碟子

farfurie

汤盘

farfurie de supă

碟子

farfurie

酱

sos

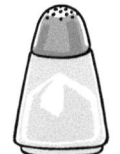

盐瓶

solniță

胡椒磨

râșniță de piper

醋

oțet

食用油

ulei

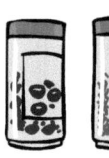

调味料

condimente

番茄酱

ketchup

芥末

muștar

蛋黄酱

maioneză

超市

supermarket

特价
ofertă
FOR
顾客
client
乳制品
produse lactate
水果
fructe
购物车
cărucior de cumpărături

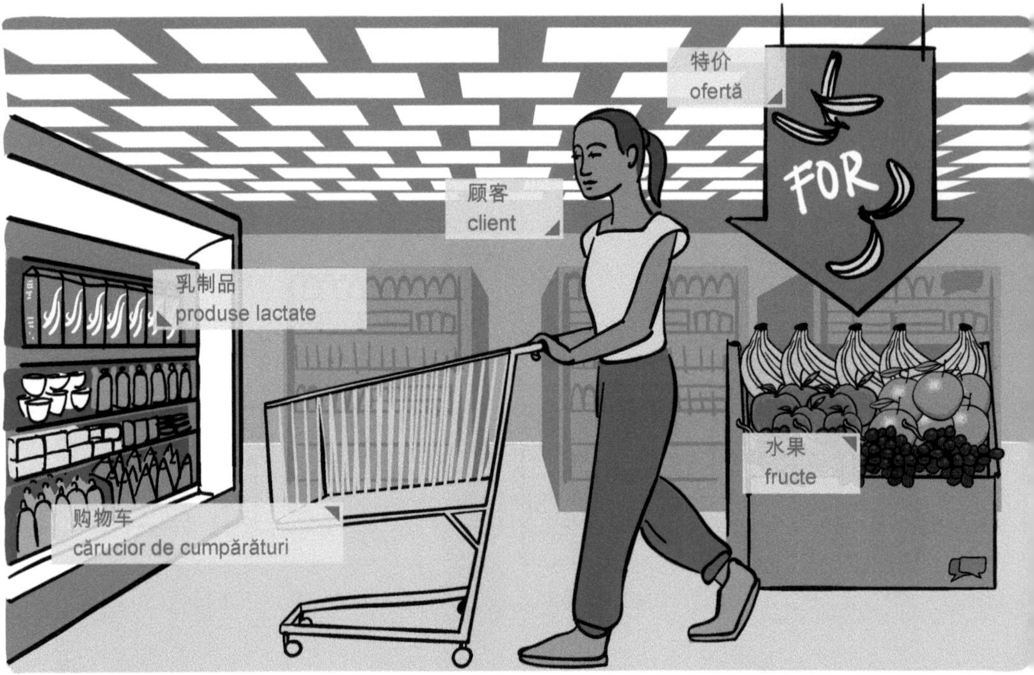

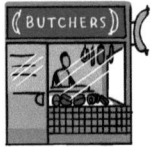

BUTCHERS

肉铺

măcelărie

BAKERY

面包房

brutărie

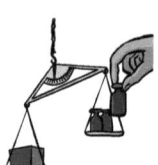

称重

a cântări

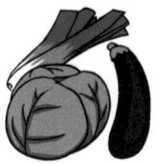

蔬菜

legume

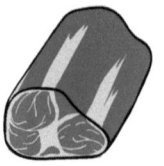

肉

carne

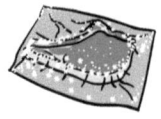

冷冻食品

alimente refrigerate

冷盘

mezeluri și brânzeturi feliate

罐头食品

conserve

洗衣粉

detergent

甜食

dulciuri

日用品

articole de menaj

清洁用品

produse de curățenie

销售员

vânzătoare

收银机

casă

收银员

casier

购物清单

listă de cumpărături

开放时间

orar

钱包

portmoneu

信用卡

carte de credit

袋子

geantă

塑料袋

pungă de plastic

水

apă

果汁

suc

牛奶

lapte

可乐

cola

红酒

vin

啤酒

bere

酒

alcool

可可

cacao

茶

ceai

咖啡

cafea

意式浓缩咖啡

espresso

卡布奇诺

cappucino

香蕉

banane

苹果

măr

橙子

portocală

西瓜

pepene

柠檬

lămâie

胡萝卜

morcov

大蒜

usturoi

竹子

bambus

洋葱

ceapă

蘑菇

ciupercă

坚果

nuci

面条

paste făinoase

意大利面条

spagheti

米饭

orez

沙拉

salată

薯条

cartofi prăjiți

炸土豆

cartofi țărănești

披萨饼

pizza

汉堡包

hamburger

三明治

sandwich

炸猪排

șnițel

火腿

șuncă

萨拉米

salam

香肠

cârnați

鸡肉

pui

烤肉

friptură

鱼

pește

燕麦片

fulgi de ovăz

穆兹利

musli

玉米片

cereale

面粉

făină

羊角面包

corn

面包卷

chifle

面包

pâine

烤面包

pâine prăjită

饼干

biscuiți

黄油

unt

凝乳

brânză de vaci

蛋糕

prăjitură

蛋

ou

煎蛋

ouă ochiuri

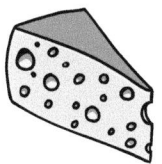

奶酪

brânză

冰激凌

îngheţată

糖

zahăr

蜂蜜

miere

果酱

marmeladă

巧克力酱

cremă nuga

咖喱饭

curry

农场
gospodărie țărănească

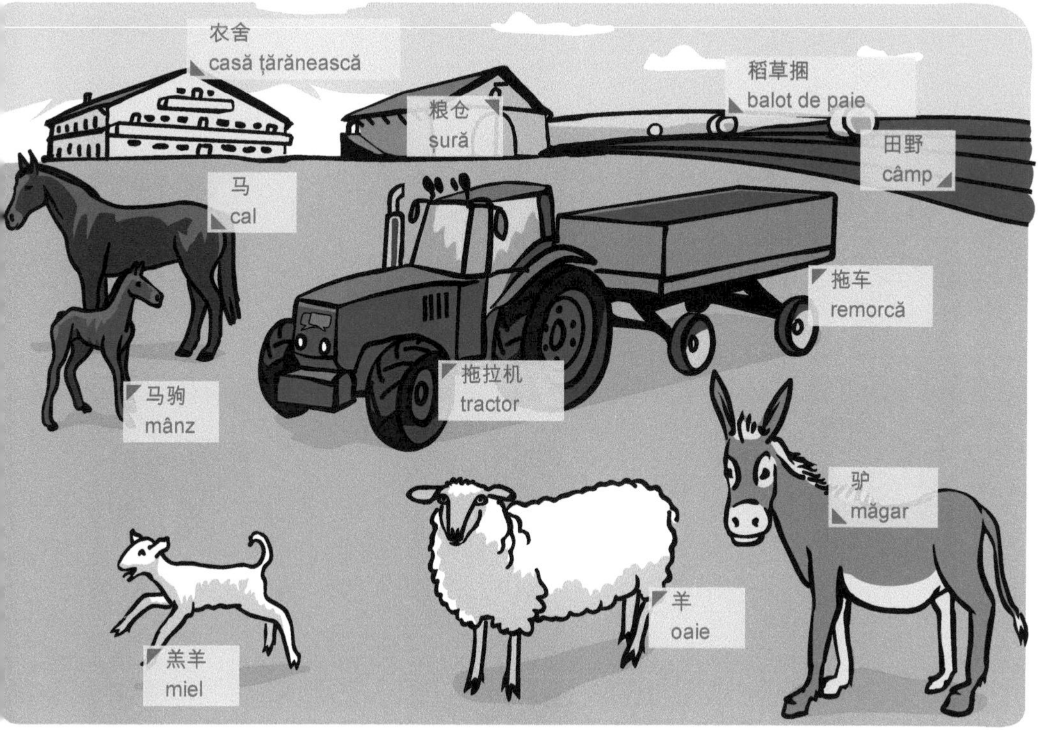
农舍
casă țărănească
粮仓
șură
稻草捆
balot de paie
田野
câmp
马
cal
拖车
remorcă
拖拉机
tractor
马驹
mânz
驴
măgar
羊
oaie
羔羊
miel

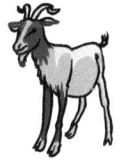

山羊
capră

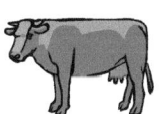

奶牛
vacă

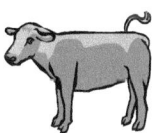

牛犊
vițel

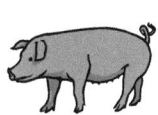

猪
porc

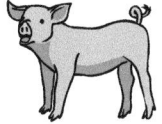

小猪
purcel

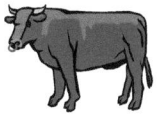

公牛
taur

鹅

găină

鸭

rață

小鸡

pui

母鸡

găină

公鸡

cocoș

鼠

șobolan

猫

pisică

老鼠

șoarece

牛

bou

狗

câine

狗屋

cușcă

花园浇水软管

furtun de grădină

洒水壶

stropitoare

长柄大镰刀

coasă

犁

plug

镰刀

seceră

锄头

sapă

长柄草耙

furcă

斧头

secure

独轮手推车

roabă

饲料槽

troacă

牛奶罐

cană pentru lapte

麻布袋

sac

栅栏

gard

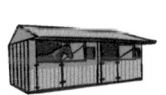

马厩

grajd

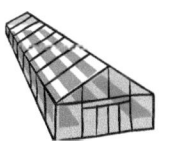

温室

seră

土壤

sol

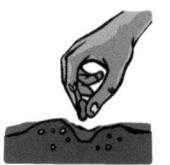

种子

sămânță

肥料

fertilizator

联合收割机

combină de treierat

收割
a culege

收割
recoltă

山药
cartof yam

小麦
grâu

大豆
soia

土豆
cartof

玉米
porumb

油菜籽
rapiță

果树
pom fructifer

树薯
manioc

谷物
cereale

房子
casă

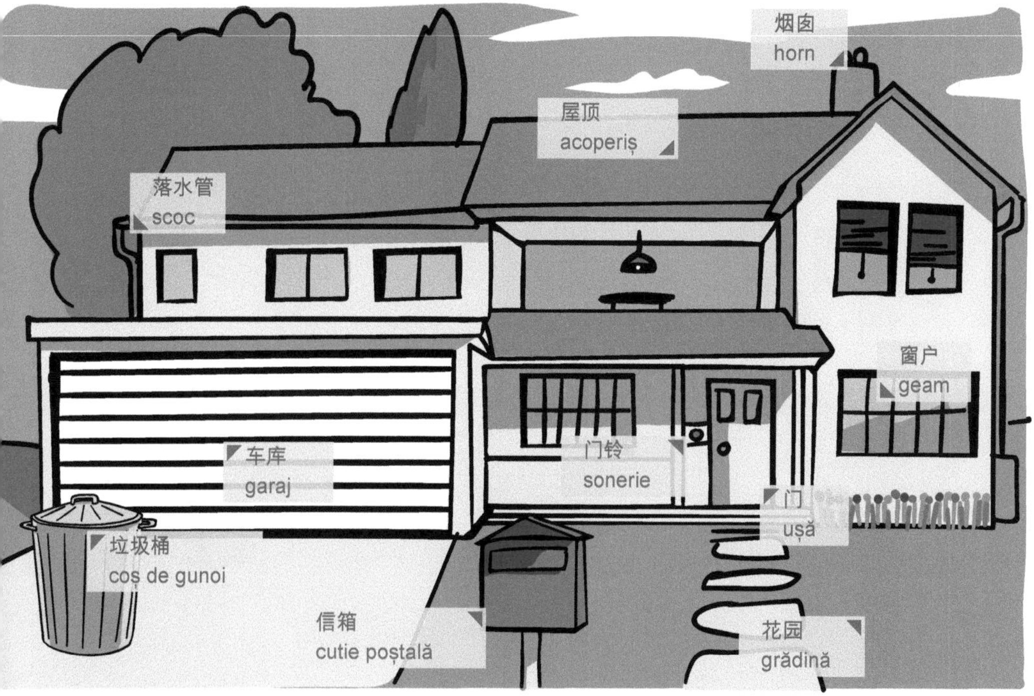

烟囱
horn
屋顶
acoperiș
落水管
scoc
窗户
geam
车库
garaj
门铃
sonerie
门
ușă
垃圾桶
coș de gunoi
信箱
cutie poștală
花园
grădină

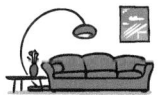

客厅

camera de zi

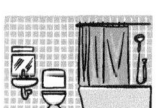

浴室

baie

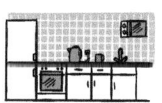

厨房

bucătărie

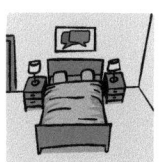

卧室

dormitor

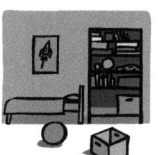

儿童房

camera copiilor

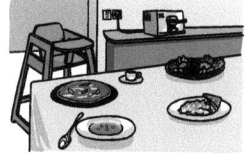

餐厅

sufragerie

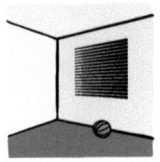

地板

podea

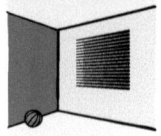

墙壁

perete

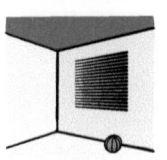

吊顶

tavan

地窖

pivniță

桑拿

saună

阳台

balcon

露台

terasă

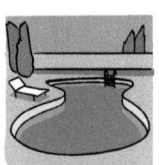

游泳池

piscină

割草机

mașină de tuns iarba

被单

cearșaf

床罩

cuvertură

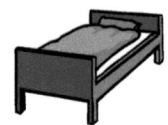

床

pat

扫帚

mătură

水桶

găleată

开关

întrerupător

客厅
cameră de zi

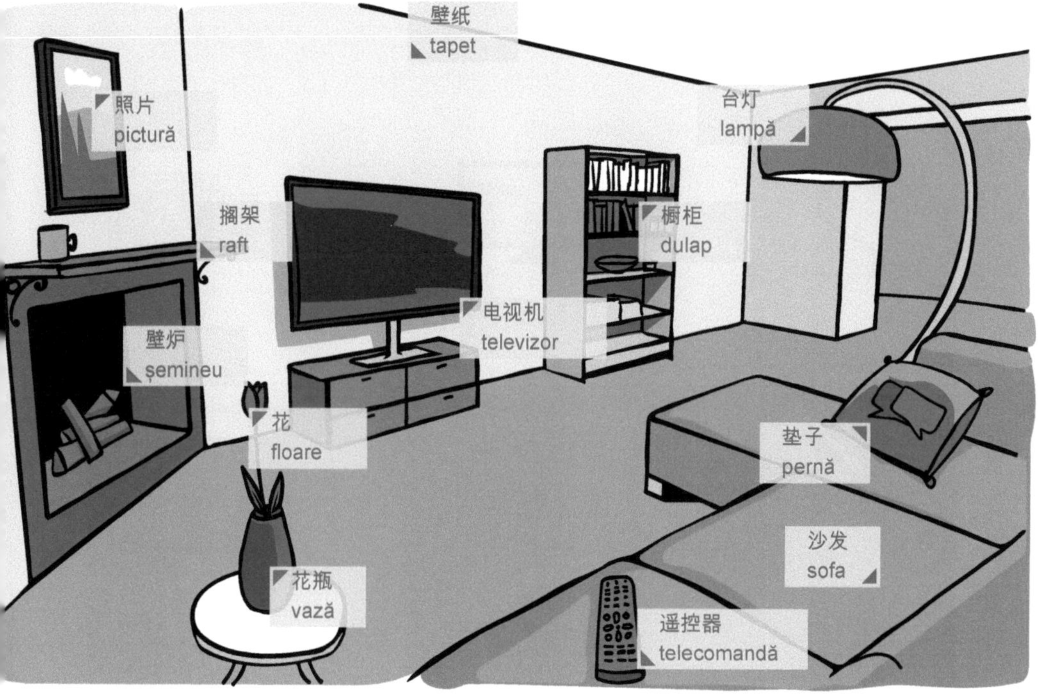
壁纸
tapet
照片
pictură
台灯
lampă
搁架
raft
橱柜
dulap
电视机
televizor
壁炉
șemineu
花
floare
垫子
pernă
沙发
sofa
花瓶
vază
遥控器
telecomandă

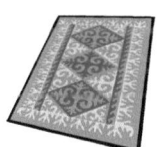

地毯
covor

窗帘
perdea

餐桌
masă

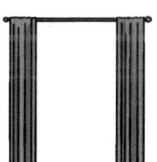

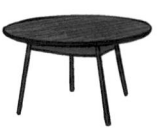

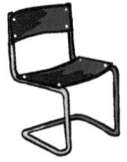

椅子
scaun

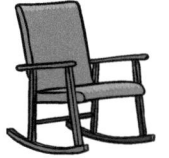

摇椅
balansoar

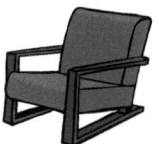

扶手椅
fotoliu

书
carte

毯子
pătură

装饰品
decoraţiune

木柴
lemn de foc

电影
film

高保真音响
instalaţie stereo

钥匙
cheie

报纸
ziar

油画
desen

海报
poster

收音机
radio

笔记本
caiet de notiţe

吸尘器
aspirator

仙人掌
cactus

蜡烛
lumânare

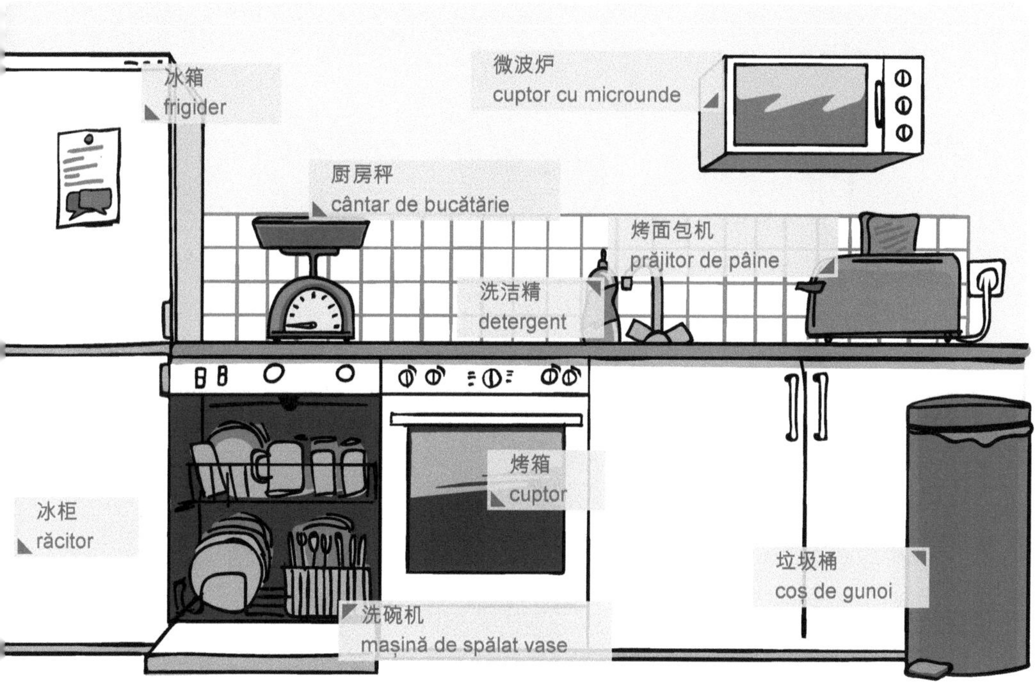

冰箱
frigider

微波炉
cuptor cu microunde

厨房秤
cântar de bucătărie

烤面包机
prăjitor de pâine

洗洁精
detergent

烤箱
cuptor

冰柜
răcitor

垃圾桶
coș de gunoi

洗碗机
mașină de spălat vase

炊具
cuptor

锅
oală

铸铁锅
oală de metal

炒锅
wok/kadai

平底锅
tigaie

水壶
ceainic

蒸锅

oală de gătit cu aburi

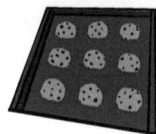

烤盘

tavă de copt

陶瓷锅

veselă

马克杯

pahar

碗

bol

筷子

bețișoare

长柄勺

polonic

铲子

spatulă

搅拌器

tel

滤网

sită

筛子

sită

磨碎机

răzătoare

研钵

mojar

烧烤

grătar

明火

loc pentru grătar

厨房 - bucătărie

菜板

tocător

擀面杖

sucitor

开瓶器

tirbușon

罐子

conservă

开罐器

deschizător de conserve

隔热手套

șervete termice

水槽

chiuvetă

刷子

perie

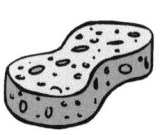

海绵

burete

搅拌机

mixer

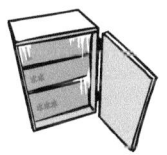

冷藏箱

ladă frigorifică

奶瓶

biberon

水龙头

robinet

供暖设备
încălzire

淋浴
duș

毛巾
prosop

浴帘
perdea de duș

泡沫浴
baie cu spumă

浴缸
cadă

玻璃杯
pahar

洗衣机
mașină de spălat

瓷砖
gresie

水龙头
robinet

便壶
oală de noapte

水槽
chiuvetă

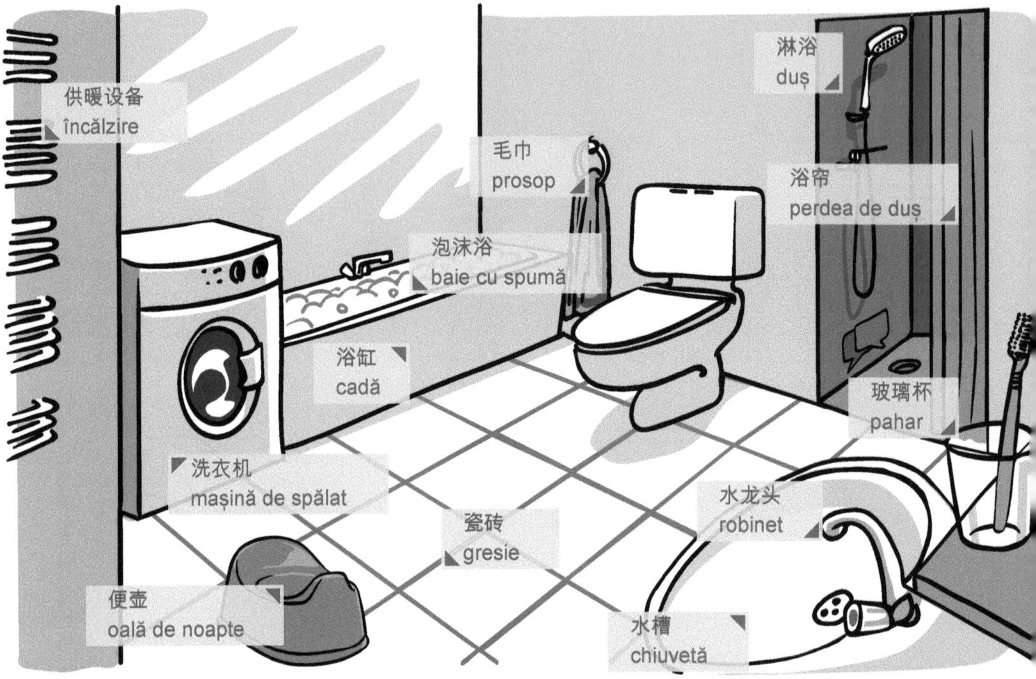

厕所

toaletă

蹲便器

toaletă turcească

坐浴器

bideu

小便池

pisoir

厕纸

hârtie igienică

马桶刷

perie de toaletă

牙刷

periuță de dinți

牙膏

pastă de dinți

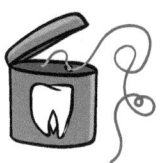

牙线

ață dentară

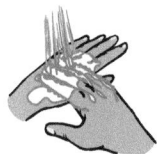

洗

a spăla

手持式喷淋头

cap de duș

冲洗器

duș intim

洗脸盆

lavoar

擦背刷

perie pentru spate

肥皂

săpun

沐浴露

gel de duș

洗发水

șampon

法兰绒

cârpă de spălat

排水

scurgere

乳霜

cremă

除臭剂

deodorant

镜子

oglindă

手镜

oglindă cosmetică

剃须刀

aparat de ras

剃须泡沫

spumă de ras

须后水

aftershave

梳子

pieptene

刷子

perie

吹风机

uscător de păr

喷发定型剂

fixator

化妆品

machiaj

唇膏

ruj

指甲油

lac de unghii

化妆棉

vată

指甲剪

foarfece de unghii

香水

parfum

洗漱包

neseser

凳子

taburet

计重秤

cântar

浴袍

halat de baie

橡胶手套

mănuși de cauciuc

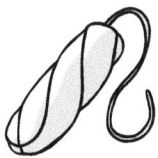

卫生棉条

tampon

卫生巾

tampon

化学厕所

toaletă chimică

儿童房
camera copiilor

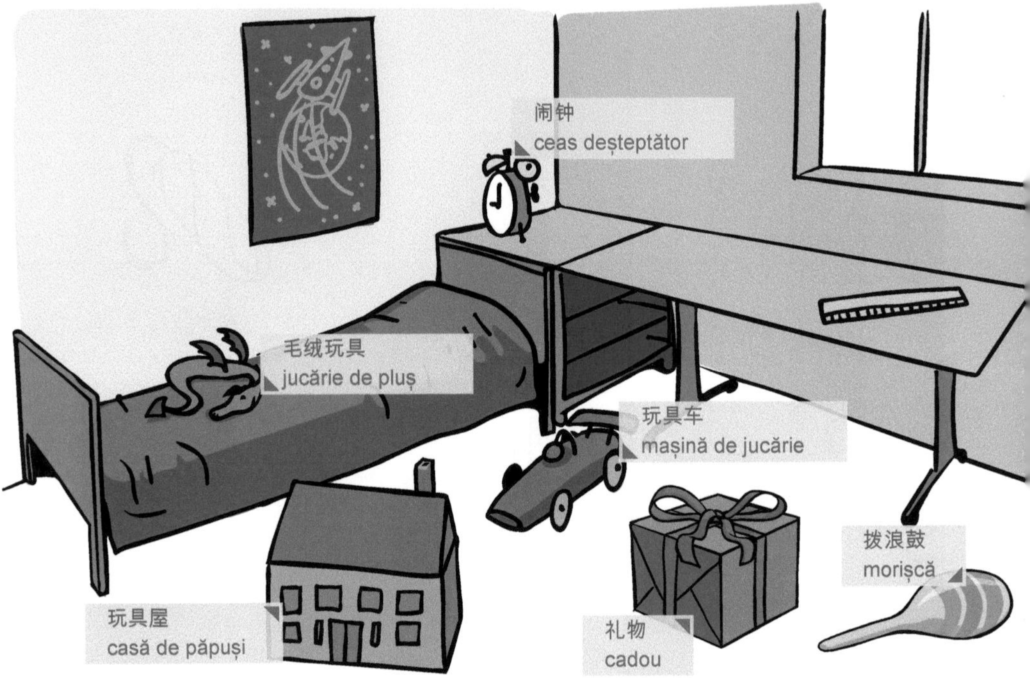
闹钟
ceas deșteptător
毛绒玩具
jucărie de pluș
玩具车
mașină de jucărie
拨浪鼓
morișcă
玩具屋
casă de păpuși
礼物
cadou

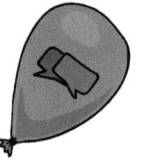

气球
balon

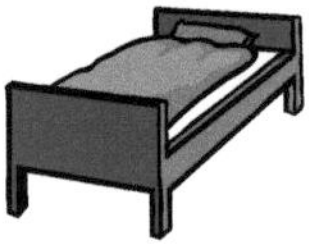

床
pat

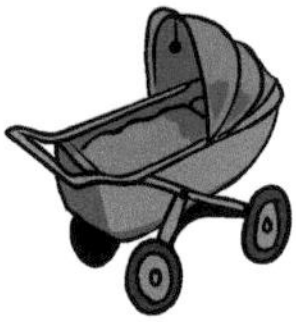
（洋娃娃用）婴儿车
cărucior de copii

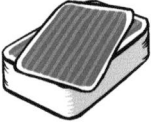

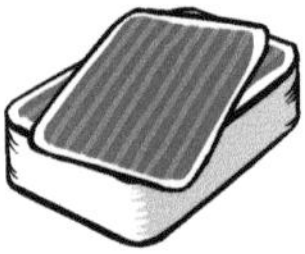
扑克牌
joc de cărți

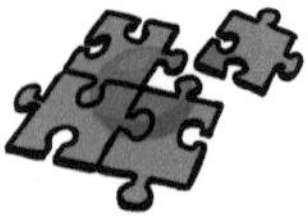
拼图
puzzle

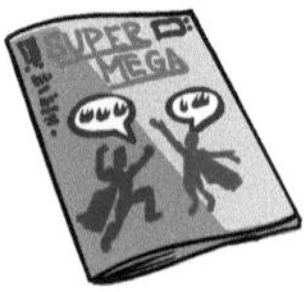
SUPER
MEGA
漫画
revistă de benzi desenate

乐高积木

cuburi lego

积木玩具

piese pentru construcţii

玩具人

personaj din filmele de acţiune

婴儿服

body

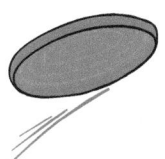

飞盘

frisbee

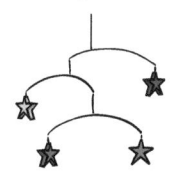

床铃玩具

mobil

棋盘游戏

joc de societate

骰子

zar

火车模型

set trenuleţ de jucărie

安抚奶嘴

suzetă

聚会

petrecere

绘本

carte cu poze

球

minge

洋娃娃

păpușă

玩

a se juca

沙坑

groapă de nisip

秋千

leagăn

玩具

jucării

游戏机

consolă video

三轮车

tricicletă

泰迪熊

ursuleț

衣柜

dulap

衣服

îmbrăcăminte

袜子

șosete

长袜

ciorapi

紧身裤

dres

围巾
şal

雨伞
umbrelă

皮带
curea

T恤
tricou

运动鞋
pantofi sport

靴子
cizme

拖鞋
papuci

凉鞋
sandale

鞋
încălţăminte

雨靴
cizme de cauciuc

内裤
chilot

胸罩
sutien

背心
maiou

身体

body

裤子

pantaloni

牛仔裤

blugi

短裙

fustă

女式衬衫

bluză

衬衫

cămașă

套头衫

pulover

卫衣

jerseu

西装夹克

sacou

夹克

jachetă

外套

palton

雨衣

pelerină de ploaie

套装

costum

连衣裙

rochie

婚纱

rochie de mireasă

西装

costum

睡袍

cămașă de noapte

睡衣

pijama

莎丽

sari

头巾

batic

包头巾

turban

波卡

burka

卡夫坦

caftan

(阿拉伯式)长袍

abaya

泳衣

costum de baie

男式泳裤

șort

短裤

pantaloni scurți

运动服

trening

围裙

șorț

手套

mănuși

纽扣
nasture

眼镜
ochelari

手链
brățară

项链
lanț

戒指
inel

耳环
cercel

便帽
căciulă

衣架
umeraș

帽子
pălărie

领带
cravată

拉链
fermoar

头盔
cască

背带
bretele

校服
uniformă școlară

制服
uniformă

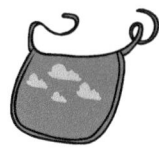

围兜

baveţică

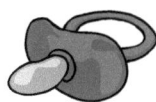

安抚奶嘴

suzetă

尿不湿

scutec

办公室
birou

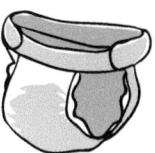

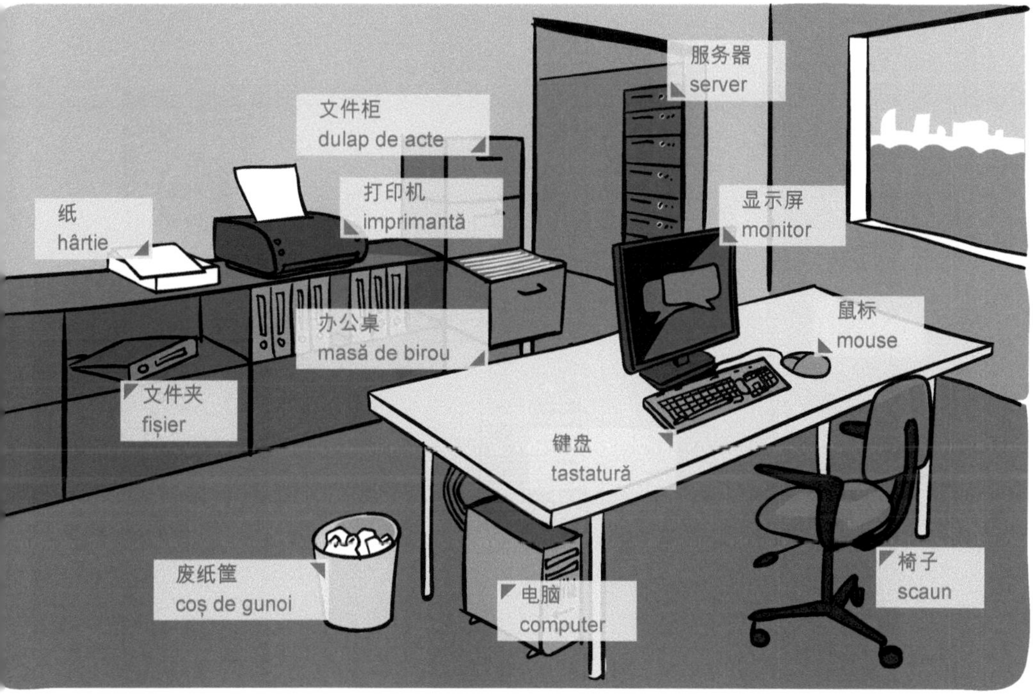
服务器
server
文件柜
dulap de acte
打印机
imprimantă
纸
hârtie
显示屏
monitor
鼠标
mouse
办公桌
masă de birou
文件夹
fişier
键盘
tastatură
椅子
scaun
废纸篓
coş de gunoi
电脑
computer

咖啡杯

ceaşcă de cafea

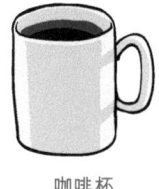

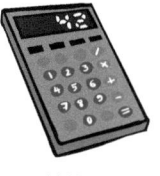

计算器

calculator

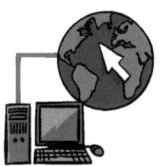

因特网

internet

笔记本电脑
laptop

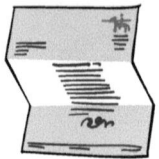

信件
scrisoare

消息
mesaj

手机
telefon mobil

网络
rețea

复印机
copiator

软件
software

电话
telefon

插座
priză

传真机
fax

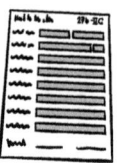

表格
formular

文件
document

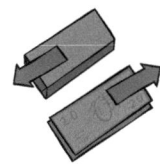

买

a cumpăra

付钱

a plăti

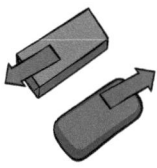

交易

a face comerţ

现金

bani

美元

Dolar

欧元

Euro

口元

Yen

卢布

Rublă

瑞士法郎

Franc Elveţian

人民币

renminbi yuan

卢比

Rupie

提款处

bancomat

外币兑换处

casă de schimb valutar

金

aur

银

argint

石油

petrol

能源

energie

价格

preț

合同

contract

税金

impozit

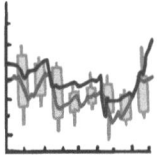

股票

acțiune

工作

a munci

职员

angajat

老板

angajator

工厂

fabrică

商店

magazin

警官
polițist

消防员
pompier

飞行员
pilot

厨师
bucătar

医生
medic

园丁

grădinar

木匠

tâmplar

裁缝

cusătoreasă

法官

judecător

化学家

chimist

演员

actor

公交车司机

șofer de autobuz

出租车司机

șofer de taxi

渔夫

pescar

清洁女工

femeie de serviciu

屋顶工

tinichigiu

服务员

chelnăr

猎人

vânător

画家

pictor

面包师

brutar

电工

electrician

建筑工人

muncitor în construcții

工程师

inginer

屠夫

măcelar

水管工

instalator

邮递员

poștaș

士兵

soldat

建筑师

arhitect

收银员

casier

花农

florar

理发师

frizer

售票员

controlor

机械师

mecanic

船长

căpitan

牙医

stomatolog

科学家

om de știință

拉比

rabin

伊玛目

imam

和尚

călugăr

牧师

preot

职业 - ocupații

工具
instrumente

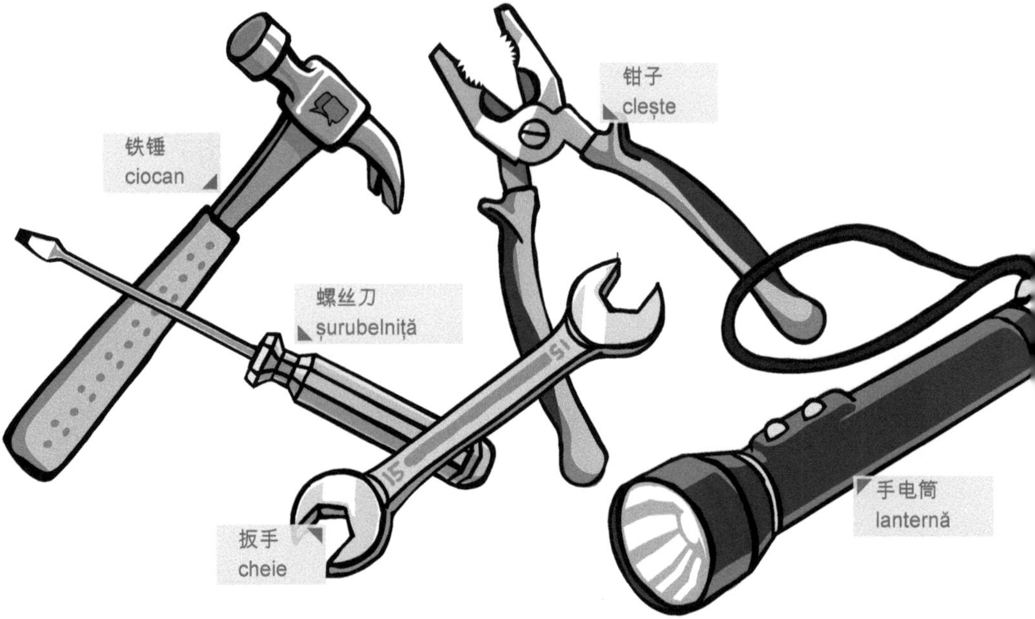
钳子
clește
铁锤
ciocan
螺丝刀
șurubelniță
扳手
cheie
手电筒
lanternă

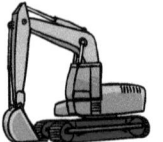

挖掘机
excavator

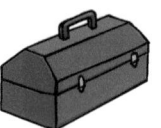

工具箱
cutie de scule

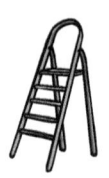

梯子
scară

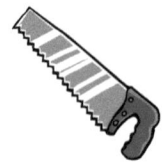

锯子
ferăstrău

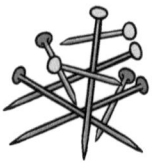

钉子
cuie

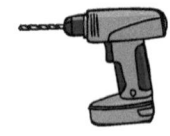

钻机
burghiu

修
a repara

铲子
lopată

靠！
La naiba!

簸箕
făraș

油漆桶
vas pentru vopsea

螺丝
șuruburi

乐器
instrumente muzicale

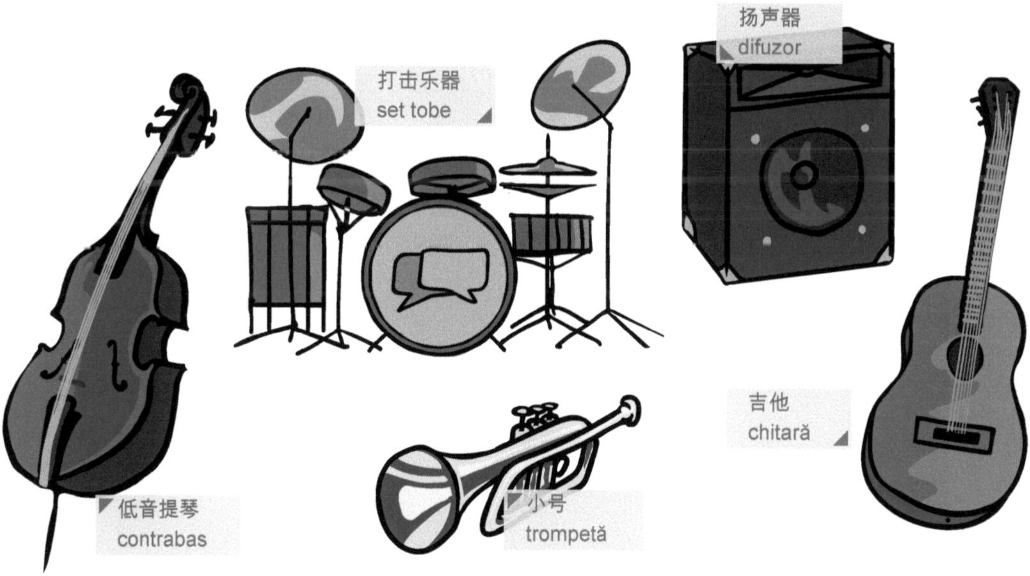

扬声器
difuzor

打击乐器
set tobe

吉他
chitară

低音提琴
contrabas

小号
trompetă

钢琴

pian

小提琴

vioară

贝斯

bas

定音鼓

trombon

鼓

tobă

电子琴

keyboard

萨克斯管

saxofon

长笛

fluier

麦克风

microfon

动物园
grădină zoologică

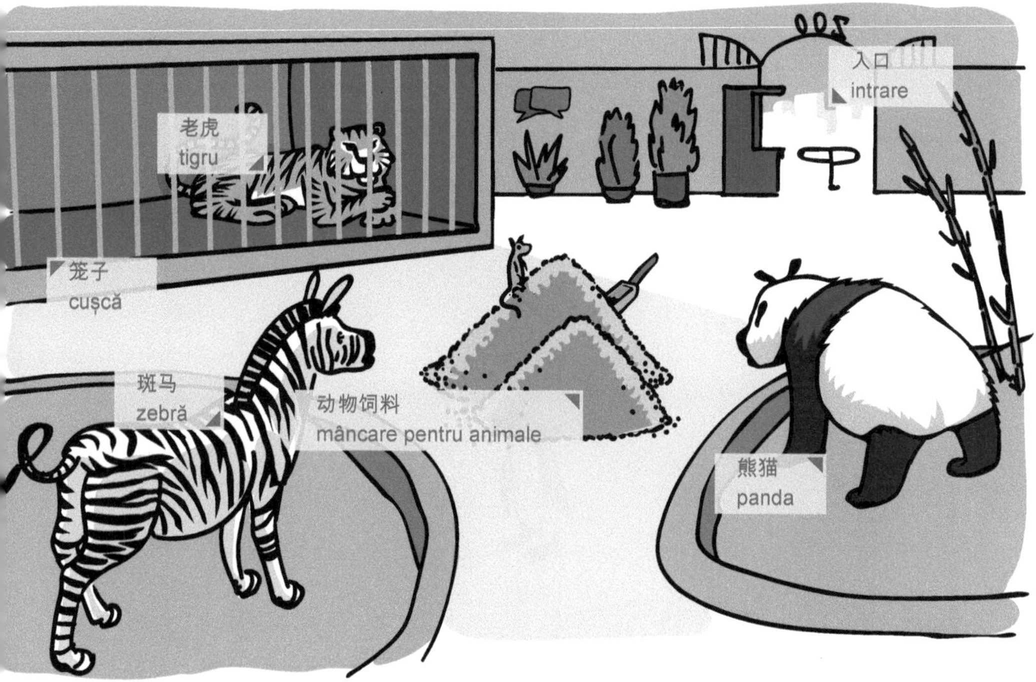
入口
intrare
老虎
tigru
笼子
cușcă
斑马
zebră
动物饲料
mâncare pentru animale
熊猫
panda

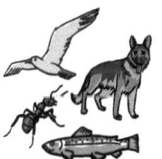

动物
animale

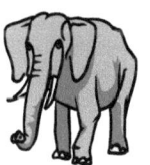

大象
elefant

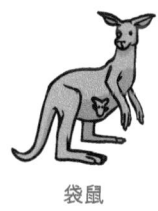

袋鼠
cangur

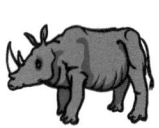

犀牛
rinocer

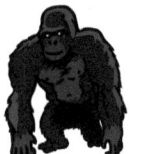

大猩猩
gorilă

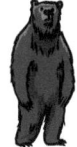

熊
urs

骆驼

cămilă

鸵鸟

struț

狮子

leu

猴子

maimuță

火烈鸟

flamingo

鹦鹉

papagal

北极熊

urs polar

企鹅

pinguin

鲨鱼

rechin

孔雀

păun

蛇

șarpe

鳄鱼

crocodil

动物园管理员

îngrijitor grădina zoologică

海豹

focă

美洲豹

jaguar

矮种马

ponei

豹

leopard

河马

hipopotam

长颈鹿

girafă

老鹰

acvilă

野猪

porc mistreț

鱼

pește

龟

broască țestoasă

海象

morsă

狐狸

vulpe

羚羊

gazelă

动物园 - grădină zoologică

橄榄球
fotbal american

骑自行车
ciclism

网球
tenis

篮球
basketball

游泳
înot

拳击
box

冰球
hockey pe gheață

英式足球
fotbal

羽毛球
badminton

田径
atletism

手球
handbal

滑雪
schi

马球
polo

笑
a râde

跳
a sări

拥抱
a îmbrăţişa

走路
a merge

唱
a cânta

做梦
a visa

祈祷
a se ruga

亲吻
a săruta

书写
a scrie

画
a desena

展示
a arăta

推
a împinge

给
a da

拿
a lua

有
....
a avea

做
....
a face

当
....
a fi

站
....
a sta în picioare

跑
....
a fugi

拉
....
a trage

扔
....
a arunca

摔倒
....
a cădea

躺
....
a sta întins

等待
....
a aștepta

携带
....
a purta

坐
....
a ședea

穿衣
....
a se îmbrăca

睡觉
....
a dormi

醒来
....
a se trezi

看

a privi

哭

a plânge

抚摸

a mângâia

梳头

a se pieptăna

交谈

a vorbi

明白

a înțelege

问

a întreba

听

a asculta

喝

a bea

吃

a mânca

清理

a face ordine

爱

a iubi

做饭

a găti

开车

a conduce

飞

a zbura

航行

a naviga

计算

a calcula

读

a citi

学习

a învăța

工作

a munci

结婚

a se căsători

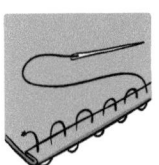

缝

a coase

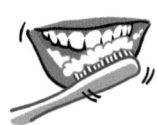

刷牙

a se spăla pe dinți

杀

a ucide

抽烟

a fuma

寄

a trimite

家

familie

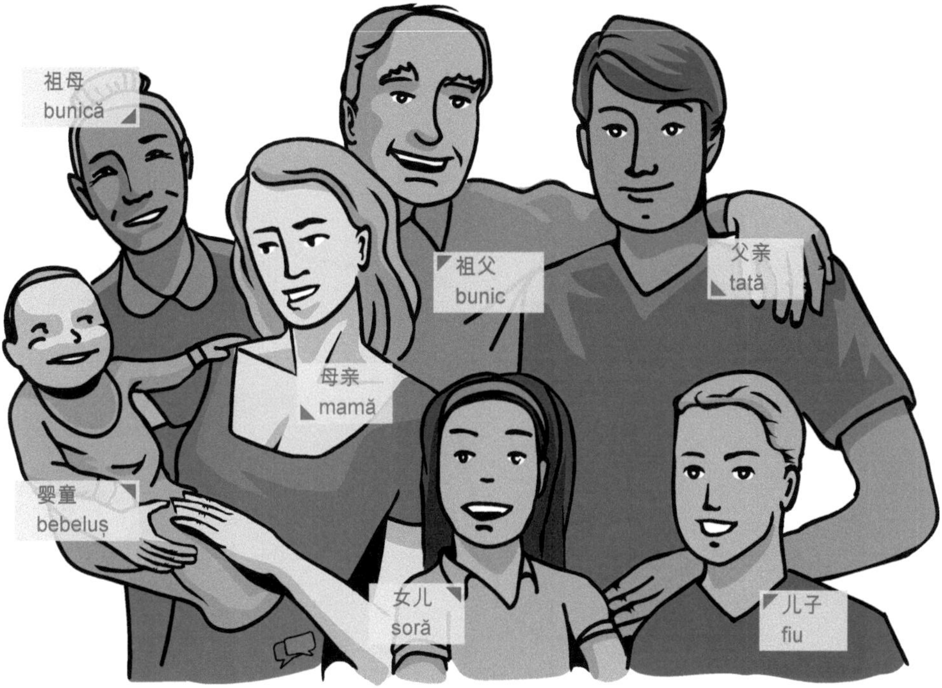

祖母
bunică
祖父
bunic
父亲
tată
母亲
mamă
婴童
bebeluș
女儿
soră
儿子
fiu

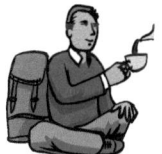

客人

oaspete

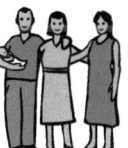

阿姨

mătușă

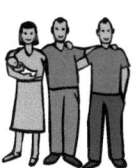

叔叔

unchi

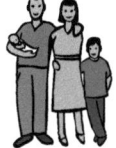

兄弟

frate

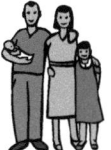

姐妹

soră

前额
frunte

眼睛
ochi

肩膀
umăr

手指
deget

脸
față

下巴
bărbie

手
mână

乳房
piept

腿
picior

手臂
braț

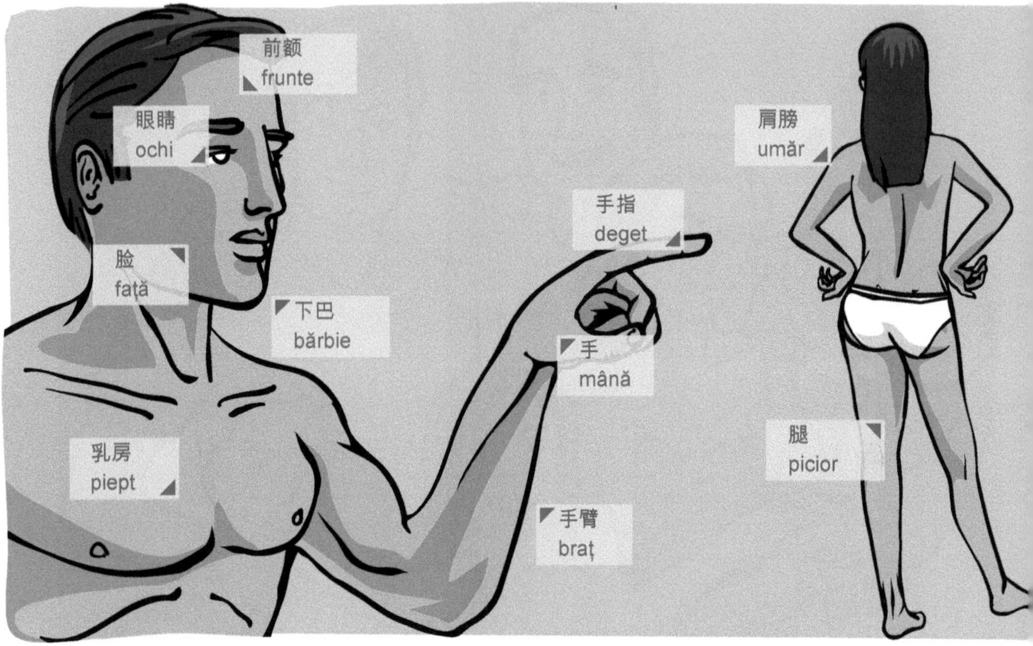

婴童

bebeluș

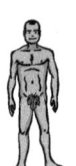

男人

bărbat

女人

femeie

女孩

fată

男孩

băiat

头

cap

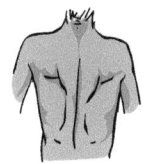

背部

spate

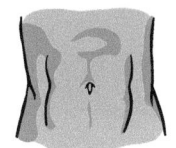

肚子

abdomen

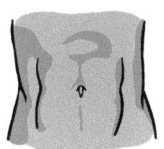

肚脐

ombilic

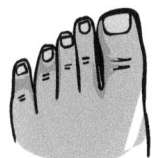

脚趾

deget de la picior

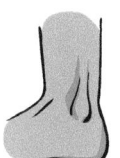

脚后跟

călcâi

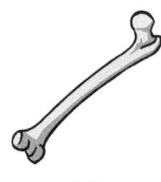

骨头

os

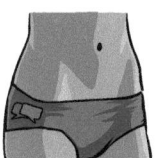

臀部

șold

膝盖

genunchi

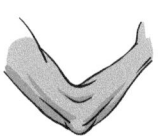

手肘

cot

鼻子

nas

屁股

fund

皮肤

piele

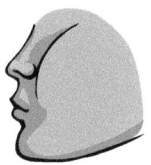

脸颊

obraz

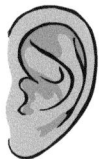

耳朵

ureche

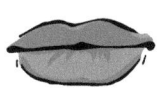

嘴唇

buză

嘴
gură

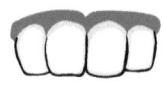

牙齿
dinte

舌头
limbă

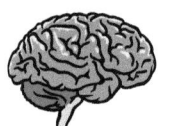

脑
creier

心脏
inimă

肌肉
mușchi

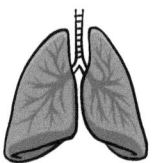

肺
plămân

肝脏
ficat

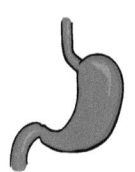

胃
stomac

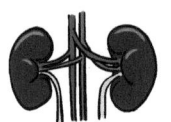

肾脏
rinichi

性交
sex

避孕套
prezervativ

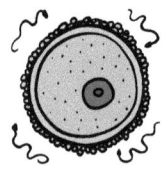

卵子
ovul

精子
spermă

怀孕
sarcină

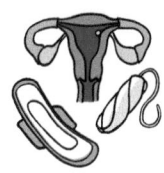

月经

menstruație

阴道

vagin

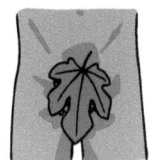

阴茎

penis

眉毛

sprânceană

头发

păr

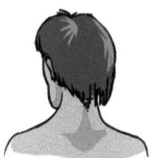

脖子

gât

医院

spital

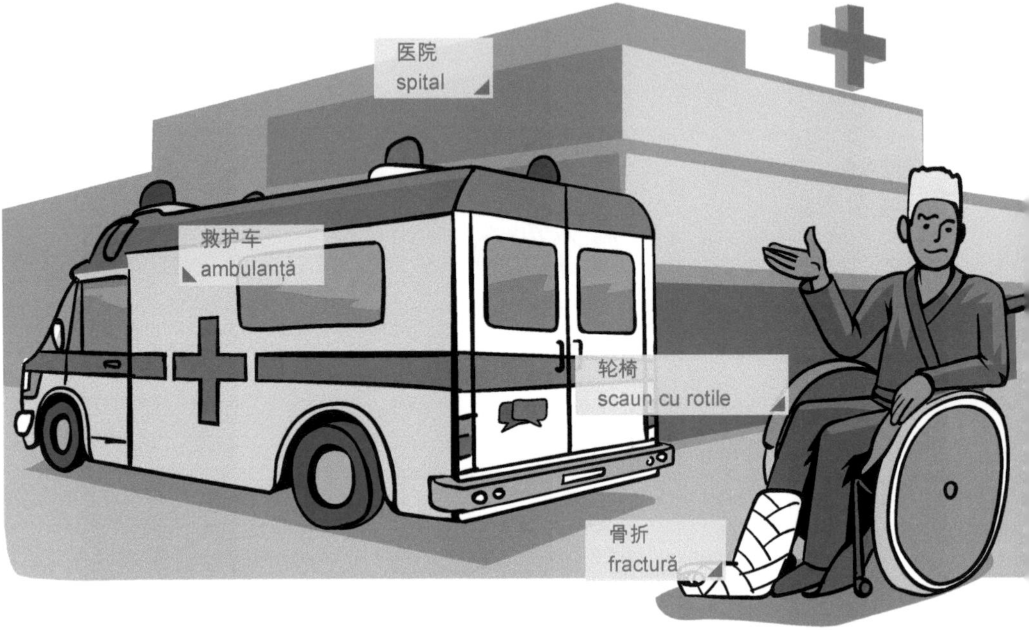

医院
spital
救护车
ambulanță
轮椅
scaun cu rotile
骨折
fractură

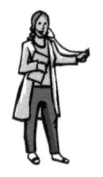

医生

medic

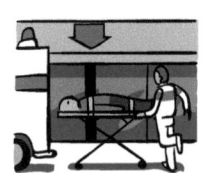

急诊室

unitate de primiri urgențe

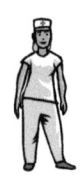

护士

soră medicală

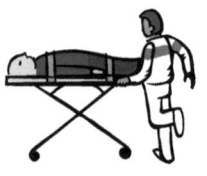

紧急情况

urgență

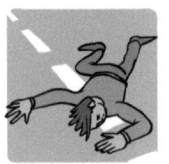

昏迷

inconștient

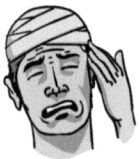

痛

durere

受伤

leziune

出血

sângerare

心脏病发作

infarct miocardic

中风

atac cerebral

过敏

alergie

咳嗽

tuse

发烧

febră

流感

gripă

腹泻

diaree

头痛

durere de cap

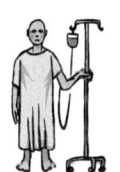

癌症

cancer

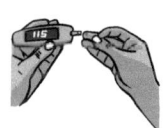

糖尿病

diabet

外科医生

chirurg

手术刀

scalpel

手术

operaţie

CT

CT

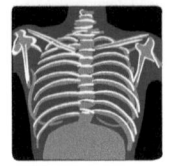

X光

raze Röntgen

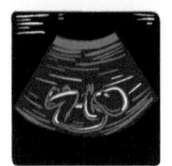

超声波

ultrasunet

口罩

mască

疾病

boală

候诊室

sală de așteptare

拐杖

cârjă

石膏

plasture

绷带

bandaj

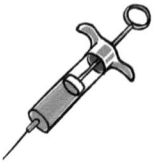

注射

injecție

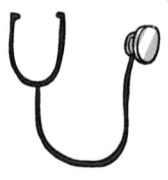

听诊器

stetoscop

担架

targă

体温计

termometru

出生

naștere

超重

supraponderabilitate

助听器

aparat auditiv

消毒液

dezinfectant

感染

infecție

病毒

virus

艾滋病

HIV/SIDA

药物

medicină

接种疫苗

vaccin

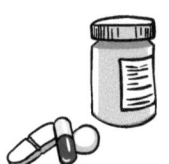

药片

tablete

药丸

pastilă

急救电话

apel de urgență

血压计

aparat de măsurare a
presiunii arteriale

生病/健康

bolnav/sănătos

救命！

Ajutor!

警报

alarmă

突击

agresiune

攻击

atac

危险

pericol

紧急出口

ieșire de urgenţă

着火啦！

Foc!

灭火器

extinctor

意外

accident

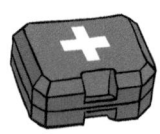

急救箱

trusă de prim-ajutor

呼救信号

SOS

警察

poliţie

欧洲

Europa

北美洲

America de Nord

南美洲

America de Sud

非洲

Africa

亚洲

Asia

澳洲

Australia

大西洋

Altantic

太平洋

Pacific

印度洋

Oceanul Indian

南冰洋

Oceanul Antarctic

北冰洋

Oceanul Arctic

北极

Polul Nord

南极

Polul Sud

南极洲

Antarctica

地球

pământ

陆地

țară

海

mare

岛

insulă

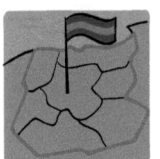

国家

națiune

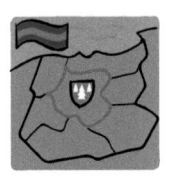

国家

stat

钟面

cadran

时针

orar

分针

minutar

秒针

secundar

现在几点？

Cât e ceasul?

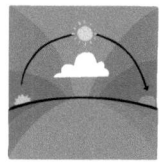

天

zi

时间

timp

现在

acum

电子表

cead digital

分

minut

时

oră

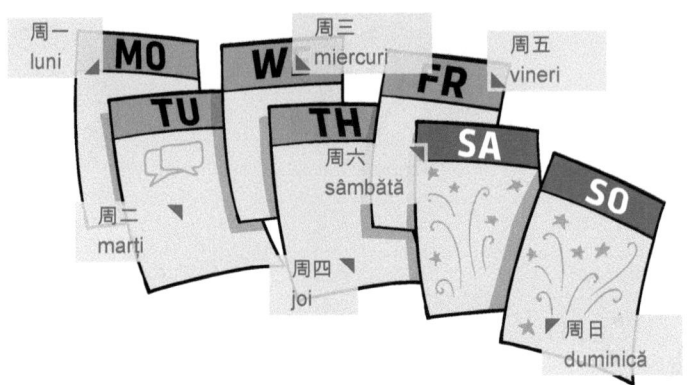

周一 luni
周三 miercuri
周五 vineri
周二 marti
周四 joi
周六 sâmbătă
周日 duminică

昨天
....
ieri

今天
....
azi

明天
....
mâine

早晨
....
dimineață

中午
....
amiază

晚上
....
seară

工作日
....
zile lucrătoare

周末
....
week-end

年
an

雨
ploaie
彩虹
curcubeu
风
vânt
雪
zăpadă
春
primăvară
夏
vară
秋
toamnă
冬
iarnă

4.APRIL 11°
5.APRIL 4°
6.APRIL 13°
7.APRIL 8°
8.APRIL 10°

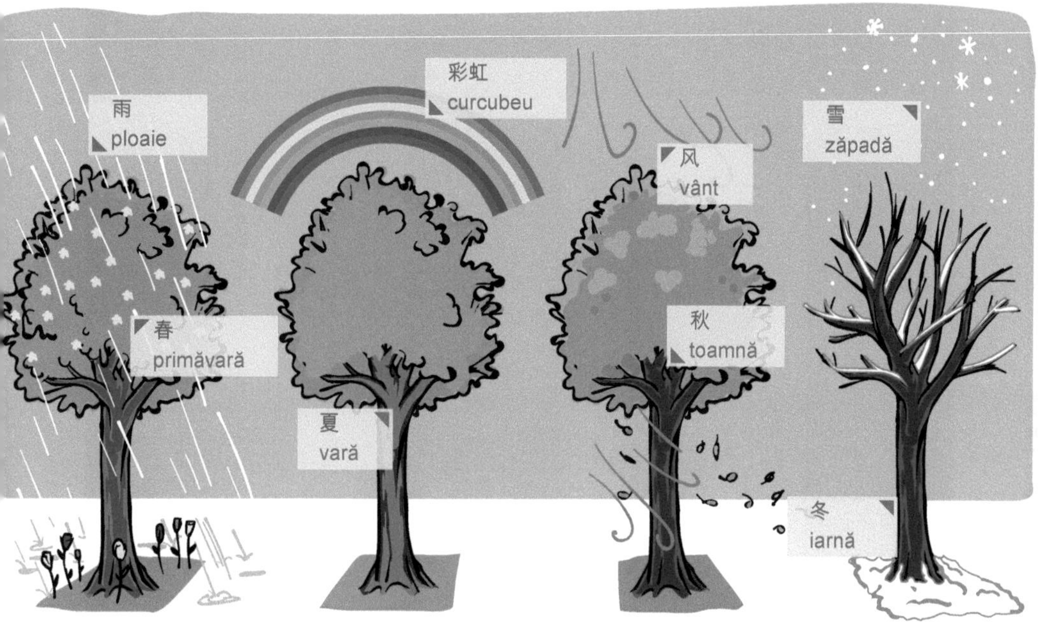

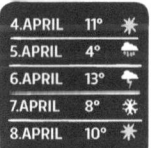

天气预报

prognoză meteo

F
C

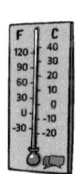

温度计

termometru

阳光

lumina soarelui

云

nor

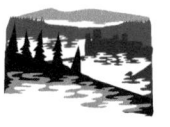

雾

ceață

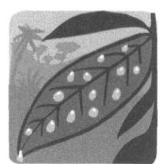

潮湿

umiditate a aerului

闪电

fulger

打雷

tunet

风暴

furtună

冰雹

grindină

季风

muson

洪水

inundaţie

冰

gheaţă

一月

ianuarie

二月

februarie

三月

martie

四月

aprilie

五月

mai

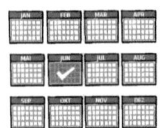

六月

iunie

七月

iulie

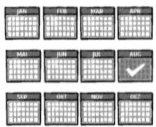

八月

august

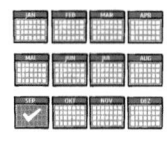

九月

septembrie

十月

octombrie

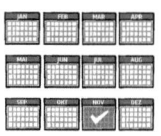

十一月

noiembrie

十二月

decembrie

圆形

cerc

正方形

pătrat

长方形

dreptunghi

三角形

triunghi

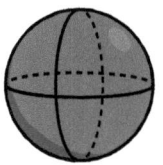

球体

sferă

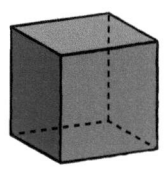

立方体

cub

白
....
alb

黄
....
galben

橙
....
portocaliu

粉
....
roz

红
....
roșu

紫
....
violet

蓝
....
albastru

绿
....
verde

棕
....
maro

灰
....
gri

黑
....
negru

很多/少许

mult/puţin

生气/平静

furios/calm

美/丑

frumos/urât

首/尾

început/sfârșit

大/小

mare/mic

明/暗

luminos/întunecat

兄弟/姐妹

frate/soră

干净/肮脏

curat/murdar

完整/缺失

complet/incomplet

白天/晚上

zi/noapte

死/生

mort/viu

宽/窄

lat/strâmt

可食用/非食用

comestibil/necomestibil

邪恶/善良

rău/prietenos

兴奋/无聊

emoționat/plictisit

胖/瘦

gras/slab

第一/最后

primul/ultimul

朋友/敌人

prieten/inamic

满/空

plin/gol

硬/软

tare/moale

重/轻

greu/ușor

饿/渴

foame/sete

生病/健康

bolnav/sănătos

非法/合法

ilegal/legal

聪明/愚笨

inteligent/stupid

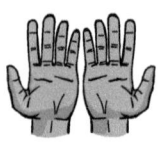

左/右

stânga/dreapta

近/远

aproape/departe

新/旧

nou/uzat

没有/有些

nimic/ceva

老/幼

bătrân/tânăr

开/关

pornit/oprit

打开/合上

deschis/închis

安静/吵闹

încet/tare

富/穷

bogat/sărac

对/错

corect/fals

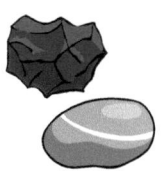

粗糙/光滑

aspru/neted

伤心/高兴

trist/fericit

短/长

lung/scurt

慢/快

încet/repede

湿/干

ud/uscat

温暖/凉爽

cald/rece

战争/和平

război/pace

数字

0

零

zero

1

一

unu

2

二

doi

3

三

trei

4

四

patru

5

五

cinci

6

六

șase

7

七

șapte

8

八

opt

9

九

nouă

10

十

zece

11

十一

unsprezece

12

十二

douăsprezece

13

十三

treisprezece

14

十四

paisprezece

15

十五

cincisprezece

16

十六

șaisprezece

17

十七

șaptesprezece

18

十八

optsprezece

19

十九

nouăsprezece

20

二十

douăzeci

100

百

o sută

1.000

千

o mie

1.000.000

百万

un milion

数字 - cifre

英语

engleză

美式英语

engleză americană

普通话

chineza mandarină

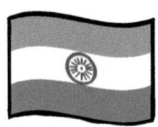

印地语

hindi

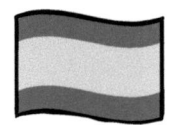

西班牙语

spaniolă

法语

franceză

阿拉伯语

arabă

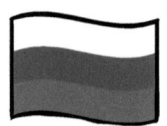

俄语

rusă

葡萄牙语

protugheză

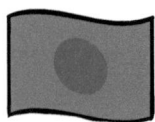

孟加拉语

bengaleză

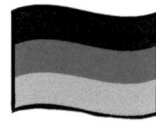

德语

germană

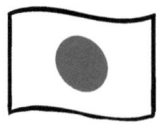

日语

japoneză

我

eu

你

tu

他/她/它

el/ea

我们

noi

你们

voi

他们

ea

谁？

cine?

什么？

ce?

怎样？

cum?

哪里？

unde?

什么时候？

când?

名字

nume

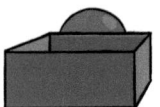

后面

în spate

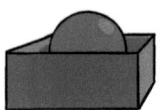

里面

în

前面

înainte

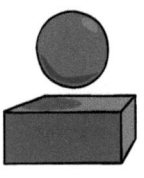

上方

peste

上面

pe

下面

sub

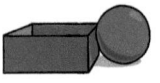

旁边

lângă

中间

între

地点

loc